AF220897

Gedanken

Jutta Dambacher

Gedanken

Bibliografische Information der Deutschen Nationalbibliothek:
Die Deutsche Nationalbibliothek verzeichnet diese Publikation in der
Deutschen Nationalbibliografie; detaillierte bibliografische Daten sind im
Internet über dnb.dnb.de abrufbar.

© 2021 Jutta Dambacher
Satz, Umschlaggestaltung, Herstellung und Verlag:
BoD – Books on Demand, Norderstedt
ISBN: 978-3-7526-3311-5

Für meinen Milian.
Für meine Schwiegereltern.
Für meine Eltern Käte und Ernst.

Die Mauerschwalben fliegen vor

meinem Fenster sehr dicht,

die Sonne scheint,

sie sehen viel Licht.

Die Blätter im grünen Baume schwanken im

leisen Wind

und erfreuen jedes Kind.

Die Tauben von Ravensburg

Die Tauben von Ravensburg schöner als die von

Venedig sind,

das weiß doch jedes Kind.

Das Schwänzchen ist weiß wie Schnee,

sie fliegen weit bis zum See.

Das Köpfchen ist schwarz,

die Flügel sind schwarz,

so dunkel ist nur der Wald im D-Harz.

Das Bild klebt an der Tür zu meinem Zimmer.

Im Zimmer schaue ich zum Fenster raus.

Der Wind bewegt die Blätter,

sie fliegen mit hinaus.

Ein Männlein steht im Walde

ganz still und stumm,

es hat von lauter Purpur

ein Mäntlein um.

Sag, wer mag das Männlein sein,

das da steht im Wald allein

mit dem purpurroten Mäntelein.

Alle meine Entchen
schwimmen auf dem See,
schwimmen auf dem See,
Schwänzchen in das Wasser,
Köpfchen in die Höh'.

***

Suse, liebe Suse, was raschelt im Stroh,
sind die lieben Entchen, die haben keine Schuh'.
Schuster hat Leder, kein Leisten dazu,
drum gehen die lieben Entchen
und rascheln im Stroh.

Ich denke an die Lieder

meiner Kindertage,

schreibe und sage:

Hänschen klein ging allein

in die weite Welt hinein,

Geld ist weg,

Gut ist weg,

Hänschen klein liegt im Dreck.

Ausspruch meines Vaters Ernst-Erich

Schirrmeister:

Ich wünscht, ich wär ein Huhn und hätte nichts

zu tun

und legte mal ein Ei und sonntags auch mal

zwei!«

Vater, lass die Augen Dein
über unseren Betten sein.
Hab' ich Unrecht heut' getan,
sieh' es bitte doch nicht an.

***

Ich falte die Hände
Tag und Nacht
und bitte den Himmel,
dass er uns bewacht.

***

Glaube, Liebe, Hoffnung,

die größte aber ist die Liebe.

Ein Dichter hat die Worte gesagt,

ich denke an sie am Tag,

in der Nacht und die Dichtung auch mich be-

wacht.

Gartenschnecken mit Kräuterbutter

ein vornehmes Futter.

Meine Mutter Kätchen brachte sie auf den Tisch,

wenn Gäste kamen.

Die Gäste redeten noch lange von dieser

Bewirtung

und glaube es doch,

auch ich schwärme von ihr heute noch.

Reime, die man sich merken muss!

Sei still, weil ich nichts sagen will.

***

Halte den Mund, halte den Mund zu jeder Stund'.

***

Mein Vorbild ist ein gelähmter Mann,

der seine linke Seite nicht bewegen kann.

Es sei der kleinste Verteiler von Krumbach

Brauseflaschen

und ein stolzes Lächeln kannst du von ihm

erhaschen.

***

Mein Rollator ist die große Stütze,

er transportiert alles,

auch die »Rote Grütze«.

***

Der Wind, der Wind, das himmlische Kind,

die Blätter wehen von den Bäumen,

in den Gläsern Wein muss schäumen,

die Baumwipfel schaukeln,

die Gedanken im Kopf rumgaukeln.

***

Die Fliege huscht durch den Raum,

man sieht sie kaum,

sie hat einen Zuckerkrümel entdeckt,

der ihr so gut schmeckt.

Sie reden und reden

und keiner versteht ein Wort.

***

Sie schreiben und schreiben

und keiner kann es lesen.

***

Vater, lass die Augen dein
über meinem Bette sein;
hab' ich Unrecht heut getan,
sieh' es lieber Gott nicht an.

***

Schlaflos in der Nacht,
aus Träumen bin ich erwacht.

***

Glaube, Liebe, Hoffnung,

der Satz, an den ich immer denk,

die größte aber ist die Liebe,

ein Dichter hat ihn doch gesagt.

Am Tage denke ich an diesen Satz

und in der Nacht.

Glaube, Liebe, Hoffnung,

die größte aber ist die Liebe,

das schrieb ich immer wieder nieder.

Am Tage und auch in der Nacht

habe ich an sie gedacht.

Meine große Liebe ist Milian,

sein Foto schaue ich am Tage an

und auch in der Nacht.

Es steht auf meinem Nachttisch

neben meinen Bett und es liegt

sehr oft in meinem Arm.

Johann Wolfgang von Goethe:

Von Vater habe ich die Stur,

des Lebens ernstes Führen,

vom Mütterchen die Frohnatur,

die Lust zu fabulieren.

***

Ausspruch meines Vaters Ernst Schirrmeister:

Ich wünscht, ich wär' ein Huhn
und hätte nichts zu tun.
Ich legte mal ein Ei
und sonntags auch mal zwei.

***

Kinderlieder auch:
»Es klappert die Mühle am rauschenden Bach,
klippklapp, klippklapp, klippklapp.«

Stiefmütterchen, Stiefmütterchen

in den kleinen Vasen,

sie wachsen zuhaus

auf dem Rasen.

Möge mein Herz

dein Schutz sein und

meine Arme dein Zuhause.

***

Was Du ererbt von Deinen Vätern hast, erwirb es,

um es zu besitzen.

(Johann Wolfgang von Goethe?)

***

Lied: »Hab' den Wagen voll geladen, voll mit al-

ten Weibern.«

Namen

Dem Schicksal danke ich,

dass ich Dambacher heiße.

Meine Patentante Knochenhaur hieß,

Ute trug den Namen Sauer.

Diese Namen man nicht vergisst.

Die Familien waren angesehen.

Die Frau am Esstisch nebenan,

ich sehe sie doch immer wieder an,

sehr dünn, blass das Gesicht,

der Rücken krumm,

sitzt sie gebeugt auf ihrem Stuhl.

Reime, die man sich merken soll:

Schlafe mit offenem Mund,
nur das ist gesund.

***

Sei still, sei still,
weil ich nichts sagen will.

Kinderlieder singe ich doch immer wieder

Suse, liebe Suse, was raschelt im Stroh,

es sind die lieben Gänschen,

die haben keine Schuh,

Schuster hat Leder, kein Leisten dazu,

drum gehen die lieben Gänschen und haben kei-

ne Schuh.

***

Ein Männlein steht im Walde

ganz still und stumm,

es hat von lauter Purpur

ein Mäntlein um;

Sag, wer mag das Männlein sein,

das da steht im Wald allein

mit dem purpurroten Mäntelein.

***

Hänschen klein ging allein

in die weite Welt hinein,

Geld ist weg, Gut ist weg,

Hänschen klein liegt im Dreck.

Ingrid J. hieß doch sie,

ich vergesse sie doch nie,

sie war die Beste in der Klasse,

sie hatte ein sehr feines Gesicht,

aber du glaubst es nicht,

sie war bucklig.

***

Suleymans schwarze Locken habe ich so gern.

Gern fasse ich in sie hinein.

Frankreich und Marokko sind beide sein

Heimatland doch.

Die Locken das Erbe vom Vater nur kann es sein,

ich greife wieder und wieder in sie hinein.

Suleyman betreut uns im Altenheim,

besser als er kann keiner sein.

Ein gelähmter Mann

Ein linksseitig halbseitig gelähmter Mann zieht an meinem Esstischplatz vorbei, die Flaschen im Kasten mit Flaschen für Mineralwasser für Krumbachflaschen, ich kann es kaum fassen. Er kommt immer wieder, grüßt freundlich mich, nickt mit dem Kopfe auf und nieder.

Der Berliner Spatz

Der Berliner Spatz sitzt an meinem Esstischplatz

aus Keramik glänzend hellgrün,

schau ich immer zu ihm hin,

träumt er immer von der Spree,

und auch von dem Wasser im Wannsee.

Selten denkt er an ein Futter mit den Körnern,

das er findet bei Regen und Schnee,

nur immer in dem Pferdeapfel.

Mein Esstischplatz noch einmal wieder

An meinem Esstischplatz setzen ein Mann und
fünf Frauen sich nieder.
Sie sitzt am Esstisch hinter uns doch,
ich sehe sie an.
Der Rücken gebeugt,
das Gesicht, der Körper sehr schmal,
so dünn ist keiner im ganzen Saal;
ihre Vorfahren, wer waren sie nur?

***

Glaube, Liebe, Hoffnung,

die größte aber ist die Liebe,

ich denke den Satz am Tag

und in der Nacht,

danke dem Schicksal,

dass es hat gemacht,

mein Leben, in ihm die Liebe war groß.

Die Liebe kann eine freundschaftliche sein und

die Liebe ist die zwischen Mann und Frau.

Glaube, Liebe, Hoffnung,

die größere aber ist die Liebe.

Unsere schwarze Katze

fing fleißig Mäuse

in schwierigen Zeiten.

Nahe kam der Kater ihr,

als sie schwanger war.

Dem Kater, da versetzte sie,

das vergaß ich nie,

Ohrfeigen viele immer wieder.

Sie brachte kleine Katzen zur Welt,

erhielt Ziegenmilch für sich und die Kleinen.

Wenn ein Kätzchen starb,

wir hörten nicht auf zu weinen.

Die Blumenschalen im Altenheim sind ein
Gedicht,

ihre Schöpferin besitzt diese Schönheit nicht.

Der Busen zu groß,

sie trägt ein Los

das Aussehen nicht hatte im Sinn,

so denke ich hin und her und hin.

Ich bin dem Schicksal dankbar immerdar,

dass mein Leben so glücklich war.

Die Liebe siegte allezeit.

Meine Eltern Ernst und Kätchen, Milian und ich

gehörten zusammen immer und immer, glaube

es heut.

Milians Eltern waren sich sehr treu, doch große

Gefühle waren für sie, wie man es nennt, doch

einfach fremd.

Schon Johann Wolfgang von Goethe sagte:

»Was Du von Deinen Vätern hast ererbt,

erwirb es, um es zu benutzen.«

Ich schreibe deshalb für BOOKs on Demand.

Von meinem Fenster

sehe ich die Kirchtürme der Stadt,

von denen es doch viele hat.

Liebfrauenkirche heißt der eine,

sie ist berühmt, beherbergt sie nun doch

die weit und breit bekannte Figur

der Schutzmantelmadonna.

Wir schauten sie an immer wieder.

Ich denke am Tage und in der Nacht an den Satz: Glaube, Liebe, Hoffnung, die größte aller ist die Liebe, immer wieder habe ich ihn gedacht.

Die größte aber ist die Liebe.

Glaube, Liebe, Hoffnung,

die Worte sag' ich immer wieder.

Mein Vater Ernst liebte Käte, meine Mutter,

Milian, mein Mann, liebte mich.

Ida, Milians Mutter, liebte Milian.

Milians Vater war sie das ganze Leben lang treu,

doch die große Liebe war für sie neu.

Alle Teddys sind verbrannt,

alle Puppen sind verbrannt,

alles Spielzeug ist verbrannt,

die ganze Wohnung ist verbrannt

im Hagel der Brandbomben

in Berlin.

Auch ein alter Mann, der nie in den Luftschacht

ging.

Unsere Wohnungseinrichtung verbrannte, auch mein Mädchenzimmer mit dem wunderschönen Spielzeug, das mein Vater mir baute: ein Kaufmannsladen,

ein Kettenkarussell für fingergroße Puppen, alle meine Teddys, alle meine Puppen.

Mein Vater fand im Keller kleine vergrabene Gold- und Silbersachen.

Meine Eltern und ich verbrachten die Nächte bei der Frau eines Bahnwärters in seinem Haus daneben, da außerhalb Berlins weniger mit Brandbomben bombardiert wurde und wir in der Brandnacht nicht zuhause waren. Am Berliner S-

Bahnhof erfuhren meine Eltern von einer Nachbarin, dass unser Haus in der Nacht abgebrannt war.